文心雅韵

大羊画壶拓片集

文匯出版社

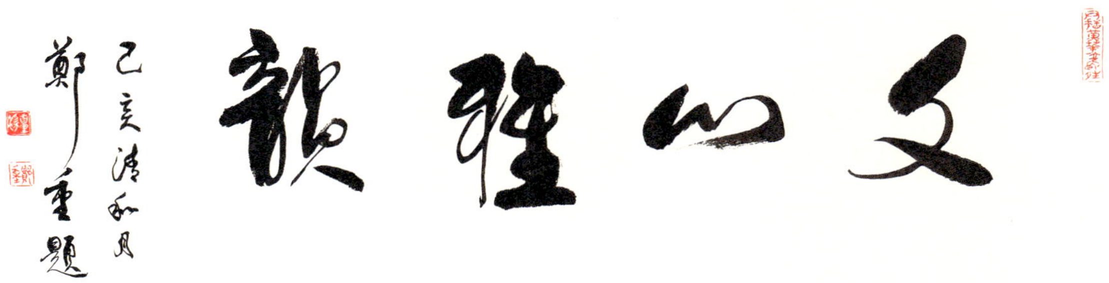

郑重题

(琼)林第一花。欲识道人藏密处，一壶天地小于瓜。」道教三十六洞天之外，壶是别一洞天，故有「壶中天地」「壶里日月」之说。道家视壶里有乾坤，为藏密之所。大羊是壶中人，所题壶铭「妙趣不可告人」即有此意，在制壶、玩壶、养壶之中，磨砺修身，养壶养心。颇可玩味的是他能很巧妙地用老庄佛禅诸派偈语题写壶铭，使玄妙虚幻的哲理明朗通俗，以此来表明自己寄情于壶，得「微清小雅」「雨过闲庭」「生生不灭」的真趣。

大羊设计的「既见君子」壶铭云：「物由人造，人因物传」，说出了人壶相倚的道理。历史上制壶名家所制的名壶，也有如时朋的「六方壶」、时大彬的「僧帽壶」、李仲芳的「瓜瓣壶」、徐友泉的「三足壶」、陈鸣远的「南瓜壶」，都是人壶相倚的典范。陈曼生本是溧阳县的小小县令，寄性于紫砂壶，创造了「曼生十八式」，开创了紫砂壶的新纪元，被称之为「曼生时代」，其后的邵大亨、瞿应绍、朱石楳、程寿珍，也都沿着「曼生时代」精神取尚及审美理念。大羊亦然，精制细刻制作的斗升、竹笠、荷叶、六方、石瓢、合欢等十多种形态的紫砂壶，皆端庄灵动、气度非凡，尤以高井栏、中井栏、低井栏三个款式，与曼生井栏壶并存，古意盎然。

紫砂壶由身、扳、钮、流协调组成，有着自身的独特美感，书画题铭虽可增加其美感，但毕竟还是壶的附加装饰，要使之和壶浑然天成，要求铭文要切壶、切水、切茶，还要切人。大羊以老子的名篇「上善若水」为壶题铭，可谓睿智妙思，老子视水为生命之源，而壶离不开水，壶又能收水，作为壶铭，古意新解。壶上书画铭文，画龙点睛，以含蓄简约为上，「刀下留壶」「刀不伤壶」也就是这层意思，不要因书画题铭的繁缛而有损于壶独特的美感。

观大羊书、画、紫砂艺术，实为当今画坛之另类，故命之为「大羊三绝」。

序

大羊三绝

郑重

郑虔以自题书画献于唐玄宗，唐玄宗题语曰：『郑虔三绝』，由以能诗、能画、能书者称为『三绝』。东坡题王晋卿《烟江叠嶂图》云：『郑虔三绝君有二』，对晋卿未敢以三绝称之。今观大羊朱忠民的艺术，书画之外尚有一绝，即为紫砂茗壶作铭，以书题之，以画彰之，亦可谓之『大羊三绝』也。徐建融为《文墨润心》作序云：『自古至今，晋唐、宋元、明末清初、民国时期，可以并列为传统书画四个时代。前四个时代的高峰已经造就，今后的高峰正有望期待忠民一代造就。』可谓知人之言。无论立足于现代或着眼于将来，大羊都是成功的期望，把他的书、画及紫砂茗壶制作称之为『大羊三绝』，那是很为允当的了。

『三绝』的古意非源自玄宗对郑虔的溢美，在此之前即有书绝、画绝、痴绝之说。『痴』者情也，无情即不能成痴。情满于天则溢于山，情满于海则溢于水，艺术即是痴情的结晶，观大羊『文墨润心』的书画铭，其中的『润心』正延合古人所说三绝之一的『痴绝』。建融教授论大羊的书法『抒写出豪迈又妩媚的性灵』，论其画则曰『灵气蕴发的笔墨精妙』，其中的『灵性』『灵气』即是『痴绝』的展现。『性』和『气』是人之真本，潜藏于内，是在『痴』时亦真亦幻的自然流露，非外力所能助成。

我国先民抟泥为器，初始只是饮食之需。当饮食之器改变他们的生活方式之后，壶罐之类的器物就变成了他们生命的一部分，须臾不可离开，要把生命注入器中，于是就用最原始的笔墨对器物加以描绘，就出现了彩陶器。今天捧着彩陶器，仍然向往他们如醉如痴地在陶器上描绘的情景，更使我感受到先民们对泥土的热爱与敬畏之情。厚德载物，后来的制陶者匠人匠心，无不以此情相系，向泥土倾注自己的智慧、技能与深情，创造出色彩斑斓的陶艺世界，紫砂壶也就应运而生。大羊对紫砂壶一往情深，远离繁华，居南沙，而潜心于书画紫砂陶艺，也可以说他对泥土有着眷念与敬畏。

杨铁崖草书明诗人佘善七绝诗：『溪头流水泛胡麻，曾折璚

收藏碑石拓片。一直到新中国成立后，生活相对稳定，他常去朵云轩寻淘旧拓片。经年累积，等量齐观，已不复统计，仅收集唐刻碑志拓片就达一千五百余种。他于古典文学研究、创作、翻译之余暇，把玩拓片，题写释文，先后有《唐碑百选》《北山谈艺录》等专著行世。其题跋之文多有拓片相配，图文互见，相映成趣。现世风日下，古意渐去，已鲜有如施老先生那样醉心于拓片的痴嗜者，又何处去寻觅可供闲赏的拓片艺术。每所念及，不胜怅然。

然而，大羊在壶艺创意中，发挥其善书能绘的特长，将书画的笔墨技巧与风姿，移情于紫砂形具的圆弧面上，本属平面的字画，借助器物的造型，有了三维展现，这不啻是艺术的二度创作，其难度非亲历者难以体味。不特如此，作者阐发心机，运思以传统手工打拓之法，制成拓片，以留存并再现中国书画独特韵味。原壶留世成艺术的唯一，而拓片精制数页，以供诸文友赏玩。如有一壶上刻写：『绿蚁新醅酒，红泥小火炉。晚来天欲雪，能饮一杯无。白居易诗，甲午之冬大羊（款印）』。左边以几许翠竹横逸，生机盎然。又将底盘及制壶款印，置于拓影之上，文图并茂，已成可赏佳件。布局上稍置右侧，留出左边空间，以一手清丽隽永的小楷行书，很文人地在拓片上尽情挥洒：『此壶仿曼生提梁，以原矿清水泥制成，典雅清新，吾爱之深，把玩之间，自有一种感悟。南沙大羊跋（款印）』。手书真迹简述壶之形制，亦流露作者心境，更似一幅赏心悦目的书法小品。这是文化的传承，亦可视为作者匠心独运的创新。

对于拓片，有人不以为然，认为是印刷品而不屑一顾。此识差矣。拓印与机印不可同日而语。拓片是手工所制，我曾亲睹印制步骤，极其缜密烦琐。简言之，先将宣纸濡湿，敷于石碑表面，以专用棕刷一遍遍拍击宣纸，让宣纸入石且字迹清晰而纸不破，在干湿之间以专用拓包沾墨拍打数遍而成，有乌金拓、蝉翼拓之分，如以朱砂拓之，则为朱拓。拓片的艺术水准与拓者息息相关，此中韵味，识者自知。其拓印之原理，与版画创作极其相似。不能简单说版画即是印刷品，更不能小视其艺术价值。手工一一拓印，与一次性印几千上万张的机器印刷，艺术品位是截然不同的。而在立体的紫砂壶上作拓片，较之平面石碑上作拓片难度倍增，实为不易。加上大羊精心布局构图，挖裱制成镜片或册页，可谓再度创作，更显珍贵！

书画乃艺术品之主打，立轴横幅，悬挂于厅堂，以显屋宇气派。而小尺幅的扇面、册页、花笺等，携带方便，与三五好友共赏众乐，更添雅趣。如装裱镜框，则清新雅致，以使蓬荜增辉。大羊的拓片，就具有如此神效，以小巧窥艺术世界，以玲珑展宽广襟怀。

壶之拓片古且雅

韦泱

吾友大羊（本名朱忠民），系沪上书画才俊，又于陶瓷、紫砂壶绘事一途别开新径。近日其出示与宜兴制壶高手合作之精品多款，堪称珠联璧合，夺人眼球。未几，大羊将紫砂壶上的图式及款印，以纸墨精心打成拓片十多纸，并题跋数语，观之眼前如同闪现一抹旧时月色，古雅之气弥漫而开。

对拓片一道，我本无所知。拍卖会上，见旧拓片，或由拓片装订成册的旧拓本，屡以高价拍出，始知其已属珍贵。嘉德公司在一九九六年秋拍中，一件《天玺纪功碑》明代拓片，上有吴昌硕、张大千等跋语、题字等，拍出七万七千元。此碑早在清代已毁，而拓片成了珍稀之物。遂想起昔年观瞻西安碑林，于展厅外的售品部，有《颜氏家庙碑》《玄秘塔碑》《唐皇甫诞碑》等拓片，供游人购藏，这些均是世人公认的颜真卿、柳公权、欧阳询诸体之范本。据介绍，碑林建于北宋年间，系全国旅游重镇，观览者众多，而拓片购者踊跃，仍不敷所需，为更好保护碑石，只得采取限量拓印等。盖因碑刻年代久远，已不宜过度拓印，使原物受损愈甚。所以，早期拓片或成孤本，已十分难得。

远古时期，没有拓片一说。东汉末年，蔡邕刻成《石经》，太学生都去抄写，以校定自己读本。后魏时，郦道元作《水经注》，记录他见到的两百多块古碑，或于碑前一一抄录，或凭记忆默写。这样的录入，只能称抄本，而非拓本。唐代起始有『打本』一词，即碑拓的意思。以后有『椎拓』一词继之，即用木椎打印。后有人把『拓』亦作『蜕』，意为把碑文遗蜕在纸上，好比秋蝉的遗蜕，可谓形象之说。到宋代，不少文人士大夫搜罗、研究碑刻与青铜器的拓片，形成了传统艺术的重要门类金石学。至元明清，学界盛行研究汉代文献，尤以汉代碑刻为重，由此形成清代书坛的新潮流碑学。

拓片作为我国一项传统艺术，将先后出土的甲骨、青铜等，一一磨拓下来，绵延千年。而明清以前的拓片，可称旧拓，不复多见，于今成了古董。幸赖这些拓片存世，给后人研究商周的甲骨文、金文，秦汉的竹简、碑石等，提供了真实的原始史料。我想，这是拓片从考古、考证的角度，对探寻中华民族绵长历史的一大贡献。此外，通过对原件如碑刻、器皿、雕像等进行椎打，将图形或文字从坚硬的载体上『蝉蜕』下来，化一成十成百，以广流布，在更宽范围内，传颂了文明古国的灿烂文化。此可视为拓片的又一功绩。

可见，喜欢拓片者，当是好古雅士，更是热衷中国传统文化的有识之士。这让我忆怀已故文学前辈施蛰存先生，他曾自谓一生开了『四窗』，其中北窗即金石碑版的研究。二十世纪三十年代，他在云南大学任教期间，即对西南地区的古碑产生极大兴趣，并开始

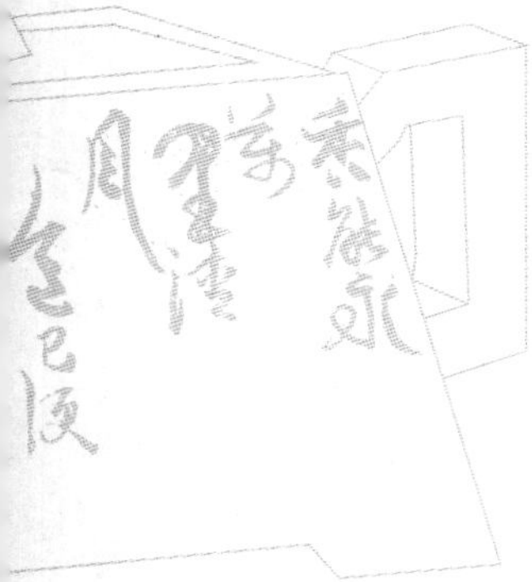

艺术简历

大羊（朱忠民）

大羊（朱忠民）。一九六七年八月生于上海。

中国书法家协会会员，上海市书法家协会理事，上海市美术家协会会员，上海市浦东新区书法家协会副主席，上海市青年书法家协会顾问，上海市政协书画院画师，民建中央画院画师，上海书画院画师，上海中国陶瓷艺术家协会理事，上海文史馆工美研究社特聘研究员，上海南山画院院长。

出版有《上海市中青年书法篆刻作品集——朱忠民》《青年美术家丛书——朱忠民》《大羊陶瓷——朱忠民陶瓷作品选》《文墨润身——朱忠民书画作品选》《文墨润心——朱忠民书画陶瓷作品选》等。

目录

壹

壹

拓片

文心雅韵

经纬天地曰文

礼减而进 以进为文

文者 犹美 善也

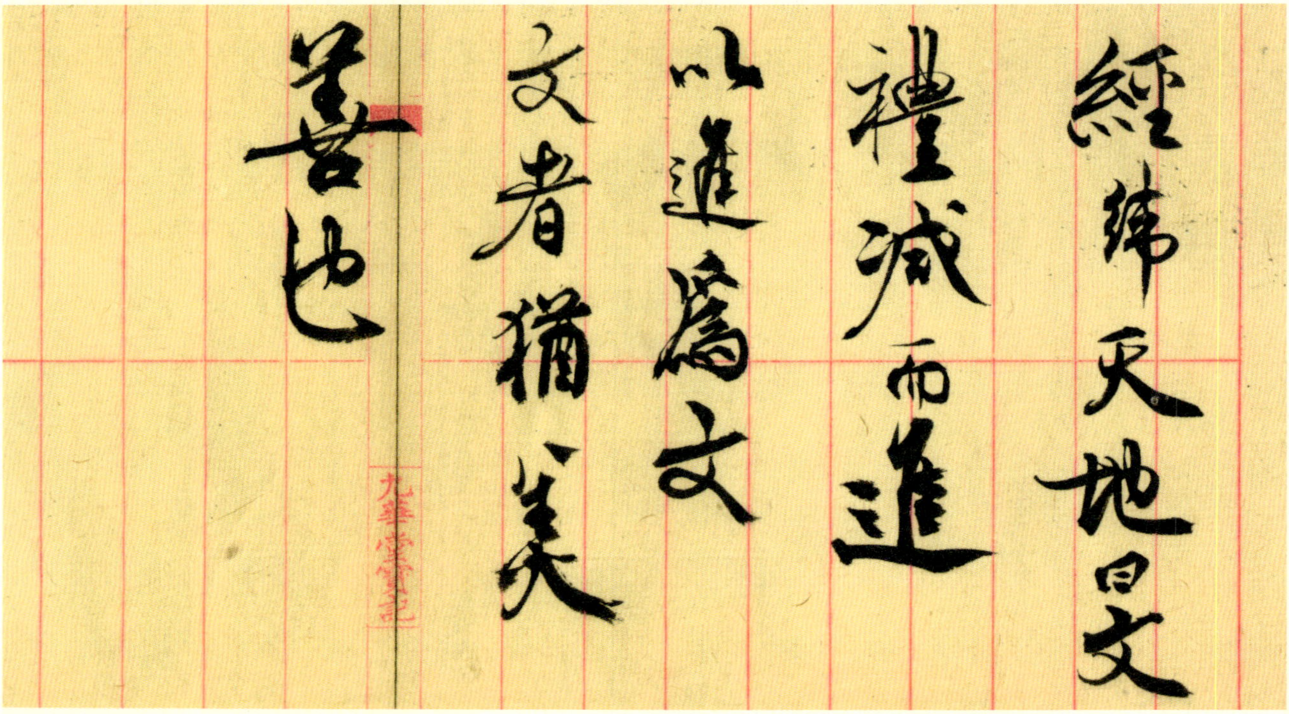
經緯天地曰文
禮減而進
以進爲文
文者猶美
善也

小时候，最爱趴在
故乡的井栏
作井上之蛙状
那时不知坐井观天
唯见波澜不兴深不可测
多少年过去了
疑问依然纠结
井水依然冷彻骨髓

風來疏竹
風過而竹不留聲
雁渡寒潭
雁去而潭不留影
故君子事來而心始現
事去而心隨空
菜根譚句
乙未之冬

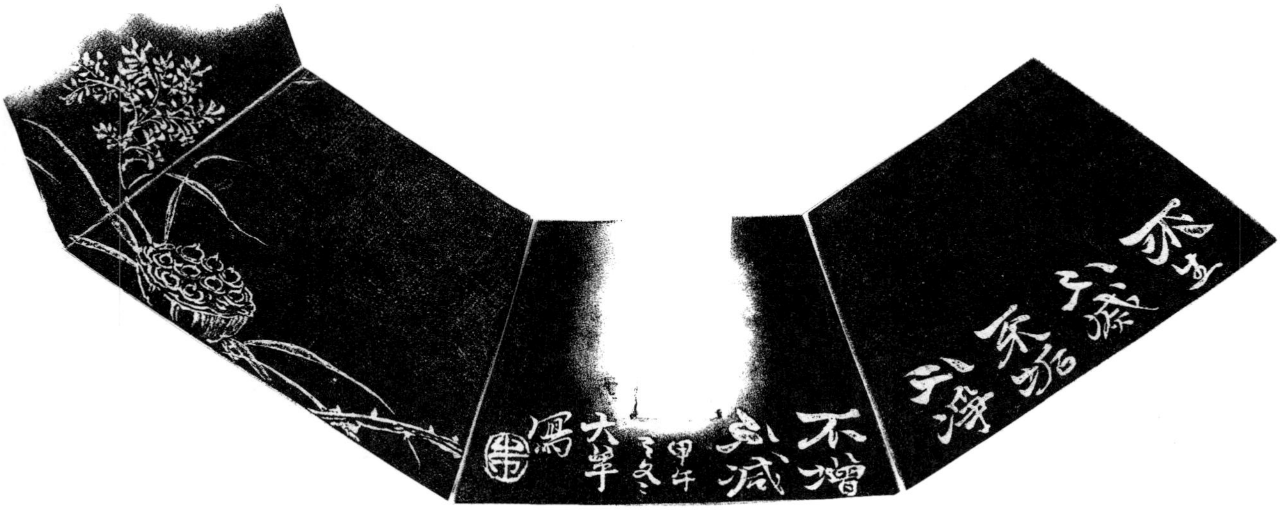

谁把你种于此地
长成九月的寓言
那干枯的一天
深褐色的一天
终会来到
与时间相熬的人
都是一样的结局

来自朴实的泥土
倏然进了高雅殿堂
拷问身世贵贱
许多人哑口无言
那就慢慢喝茶
我只想告诉你
冬天来了
冬天里的猫很调皮

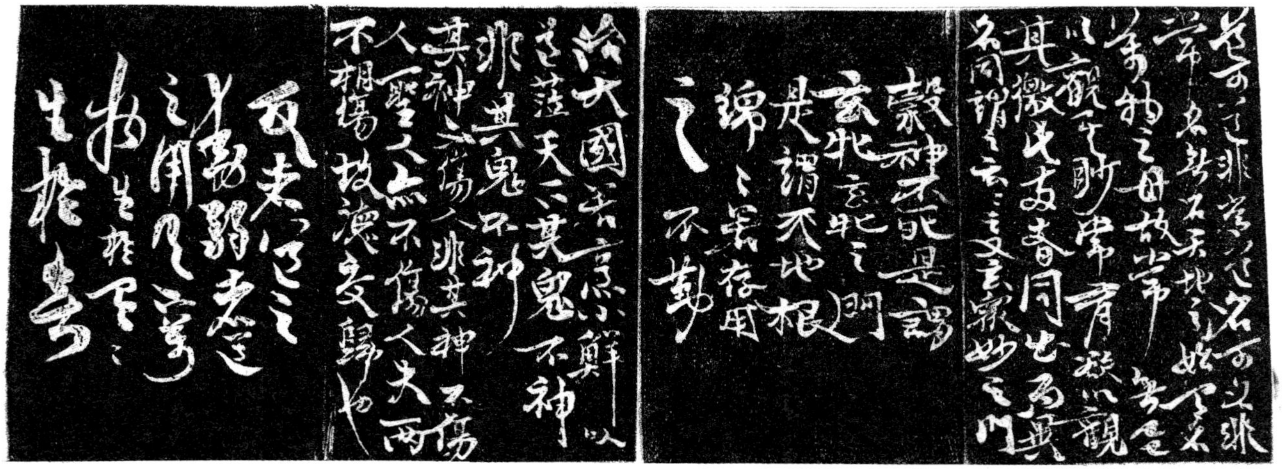

面壁而诵
许多日子逝去
枯萎的让它枯萎
新生的尽管新生
远古的鸟儿
正在穿越沉重的视线

不见花开
哪来花落
在一片沙漠里
我们共同找寻
一抹绿意一眼泉泓
往事烟散
无法聚拢
我们曾经的箴言

与树为邻
这一辈子
就靠树生活了
秋去冬来
都安然无恙
唯一牵挂的是
候鸟何时飞来

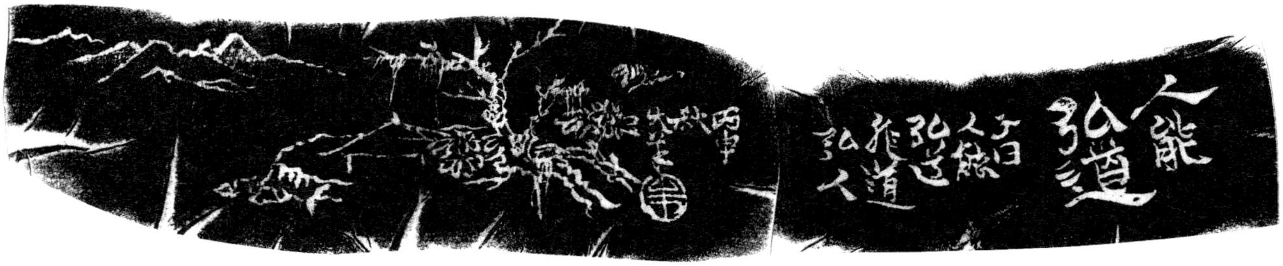

远山，何处显现
感人的呼唤
只见一点点隐匿
淹没在时间深处
这仿佛即是
自然与人的对应关系

他捧着那浑圆的壶
抚摸一生的坎坷
时间之水漫了许多年
在黝黑的沿口戛然而止
黄昏中那些面孔闪闪烁烁
被草书撩乱了的夜晚
日日栖息在壶底

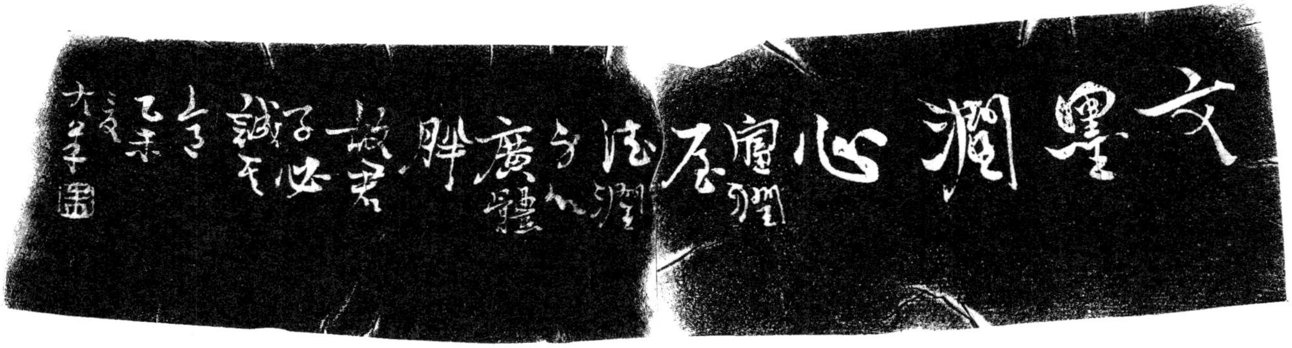
文墨潤心

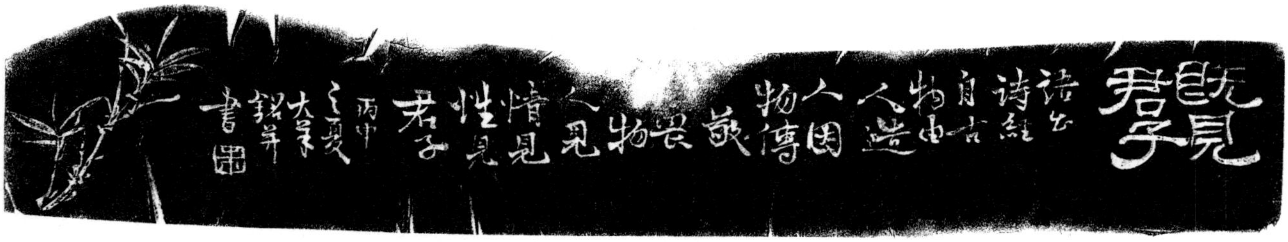

放心吧
就当我没有手
就当我只会动口
风是温和的
雨是滋润的
不必怀疑
这正是美好无比的世界

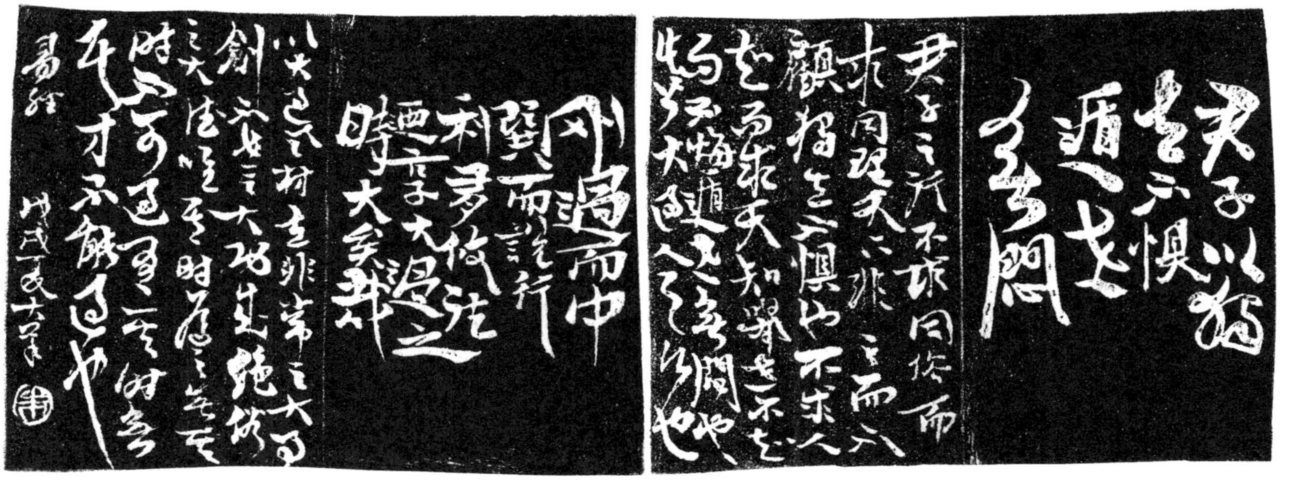
君子以独立不惧遁世无闷
刚过而中
巽而说行
利有攸往
大过之时大矣哉

不与外人道也
这能算妙趣
如同潦草了千百年
忽然端正了
一笔一画的正楷
怎看得出历史的玄机

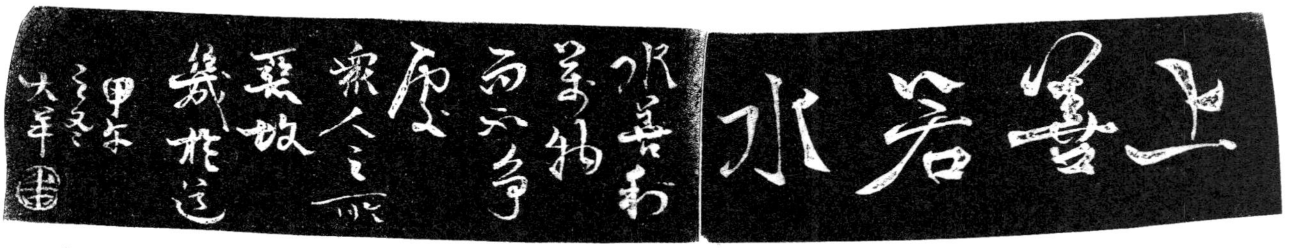
上善若水
水善利萬物而不爭處衆人之所惡故幾於道

延寿的方程
解了一年又一年
一株松，横亘眼前
枝头不见硕果
也许羞涩
把孕育过程
藏得很深很深

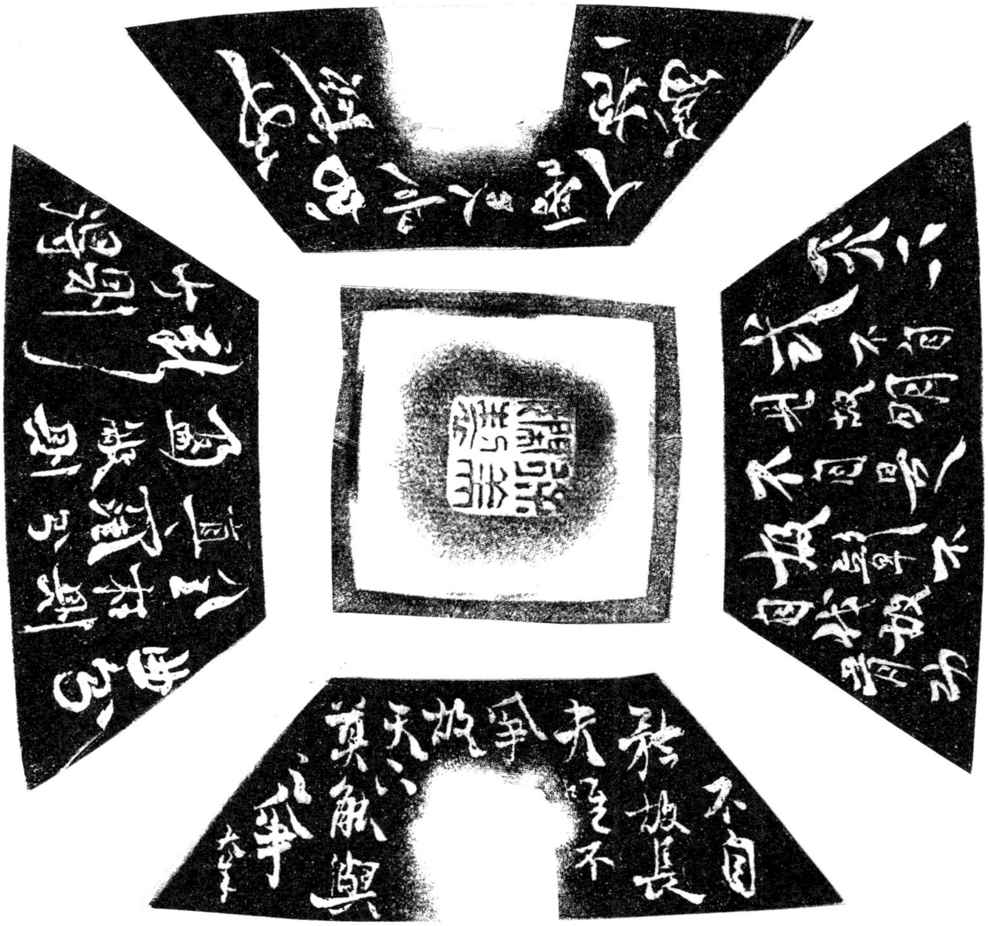

何谓方正
壶形的阐释
未必那么精准
我更深地陷入往昔
一个草书的年代
意识流中的
抑扬顿挫

文心雅韵

心 思 意 念 性 情 乃包万虑 谓之心

心者 形之君也 神明之主也

宇宙是吾心 吾心即宇宙

吾心之外无他物

心思意念性
情通色萬慮
謂之心
心者形之君也
神明之主也
宇宙是吾心
吾心即宇宙
吾心之外無
他物

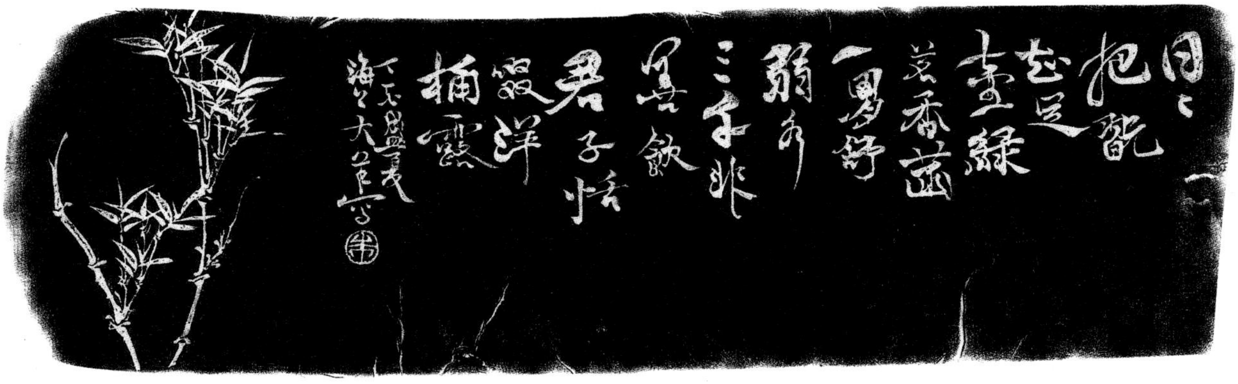

与谁相伴
才是最佳拍档
我从这条小径走过
被飒飒之声惊动
它在述说夜晚的孤寂
唠叨风的多情
一只蟋蟀欲叫未叫
正在鼓起透明的羽翼

茂林修竹
构不成一种诱惑
平静的日子
平静地吹一管竹笛
任雨水拍打窗棂
我在呼吸中沉醉

清淡或苦涩
泡入邻家的絮语
你被忧郁缠了多年
面对尘世
总是沉默寡言
提起那壶茶
才知道水的分量

从笔画窥出性格
我依稀看见
朦胧中白云飞渡
浪花无羁
还有无法言说的
不断波动的星星点点

子非鱼
焉知鱼之不乐
那活灵活现的身姿
那潜入河底的自由
有鱼的日子
不会有没鱼的烦恼
谁能这样说
鱼的快乐就是人的快乐

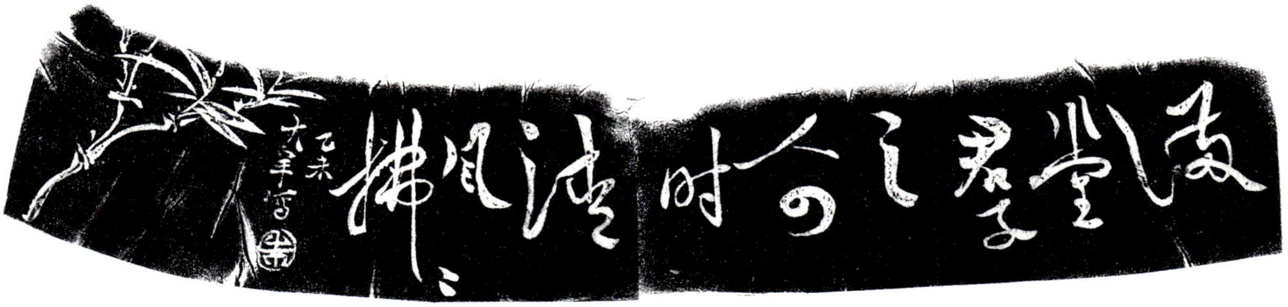

湖太大了
船没了方向
那就抛锚吧
悠然于三潭印月
荡漾在五亭桥畔

世界很大
壶很小
却可以策马扬鞭
却可以海阔天空
明日，擎一束梅花
放在你的案儿
等待主人归来
把壶言欢

或轻轻摇曳
或暗潮涌动
这不能算安分的年代
渍迹 苔藓 斑点 潮湿
都是水惹的祸
这能怨水吗 或许
它是被人泼了脏水

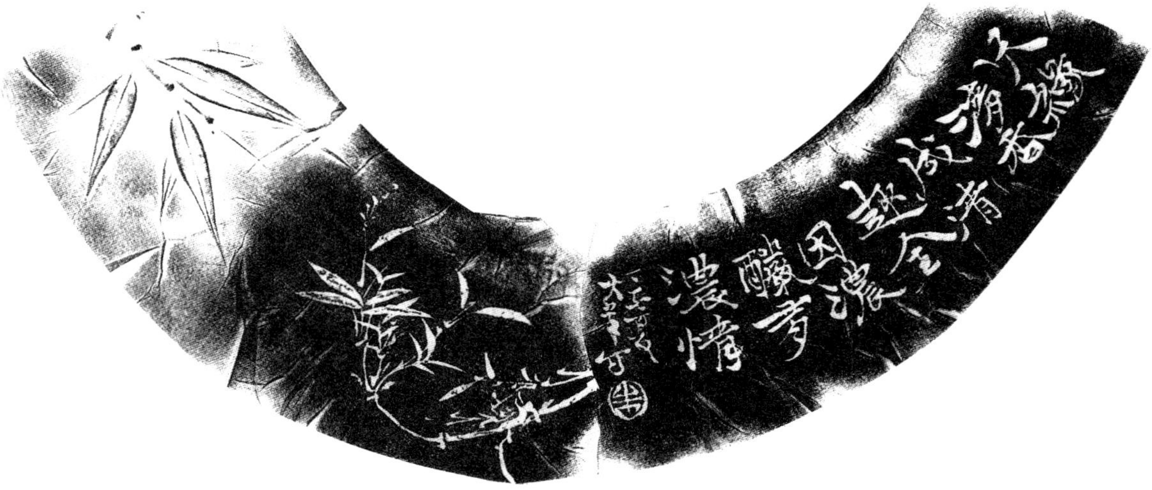

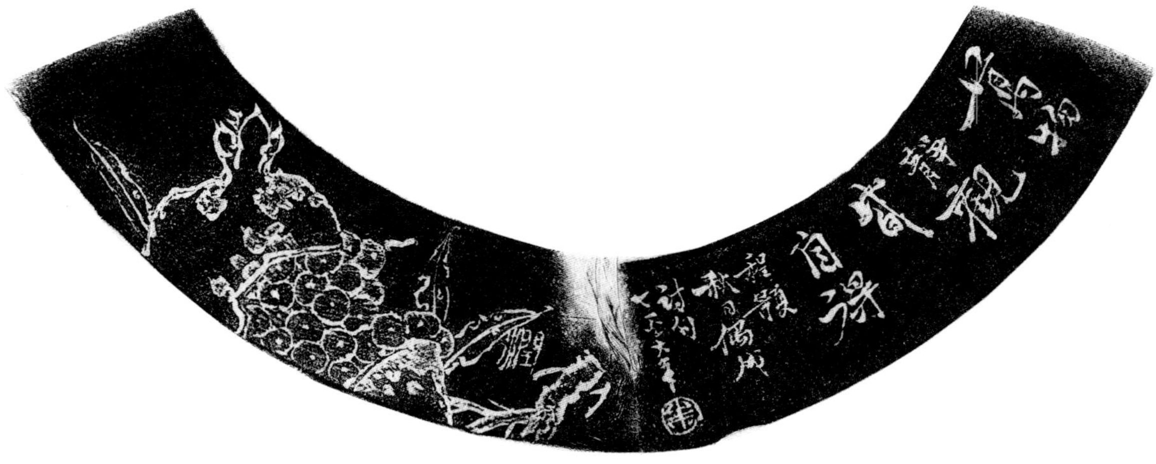

一种水果
一种讨喜的口彩
延续千年
子孙满堂
这水果真叫厉害
邻家的猫见了
也会赧然脸红

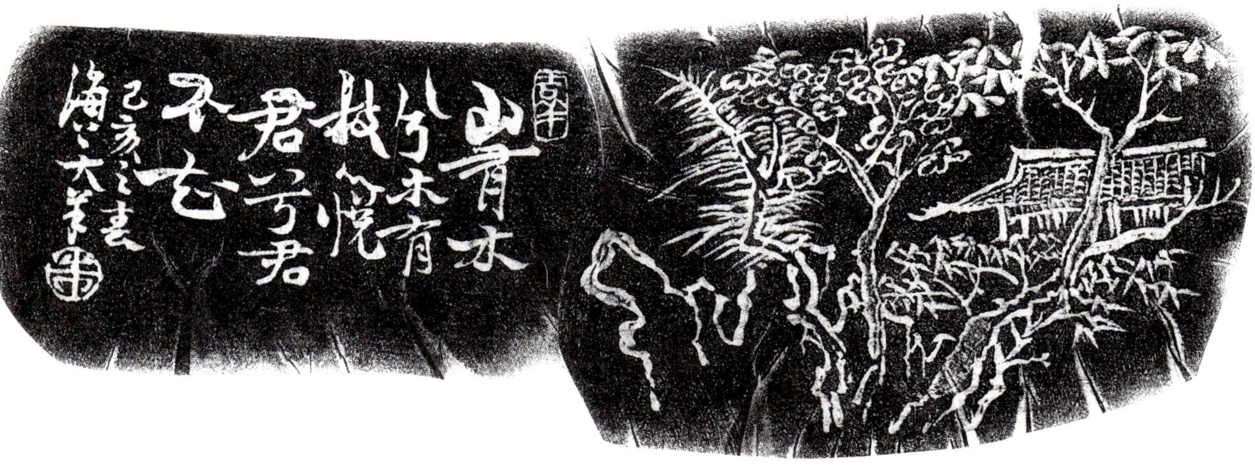

这才是一种舞蹈
一种肆意的想象
那么张狂
又形同暴力
婀娜其实是奔放
有章有法地
占领天空

幽篁低诉
石头无语
圣者还在远处
赶不过来
客人已入家门
当然会有人泡茶
陪着聊天
聊来年的谷物
聊未见的英雄

世界仿佛静止
树不想静
风早已逃遁
这一切让人纳闷
吃腻甜食的人
突然爱上了酸辣
颠来倒去
只为求得心理平衡

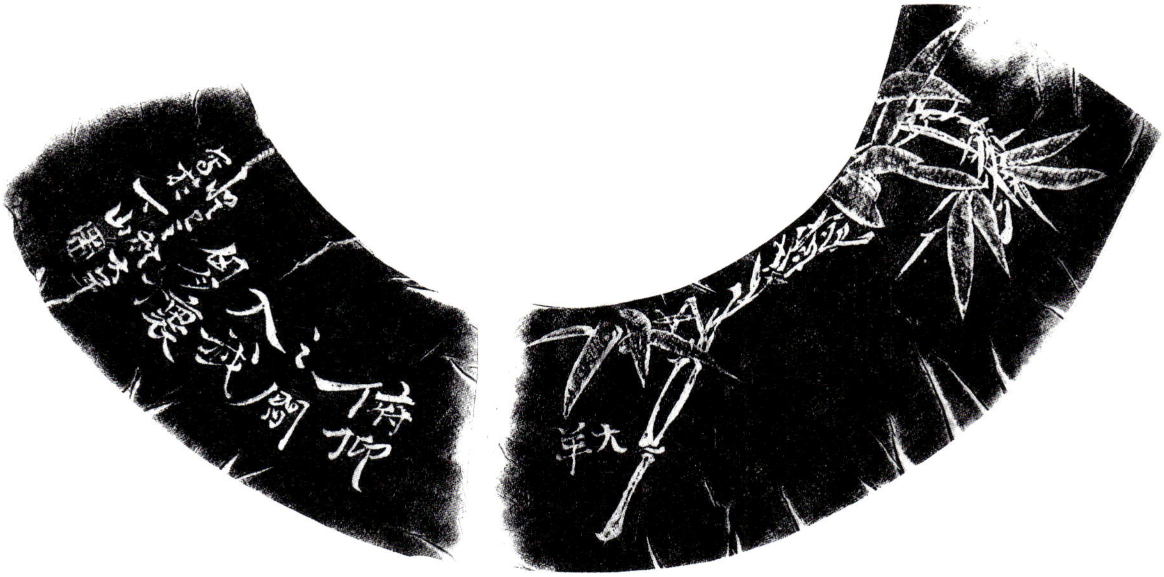

当月色
沿着叶脉倾泻
城市开始喧哗
变得躁动不安
想起那晚
听琴箫低诉
低到无声处，顷刻
我听到寂静的神秘

文心雅韵

雅 正也
常也
素也
君子及见雅以为美
雅者 敏而好学
清秀豁然 有王佐之风

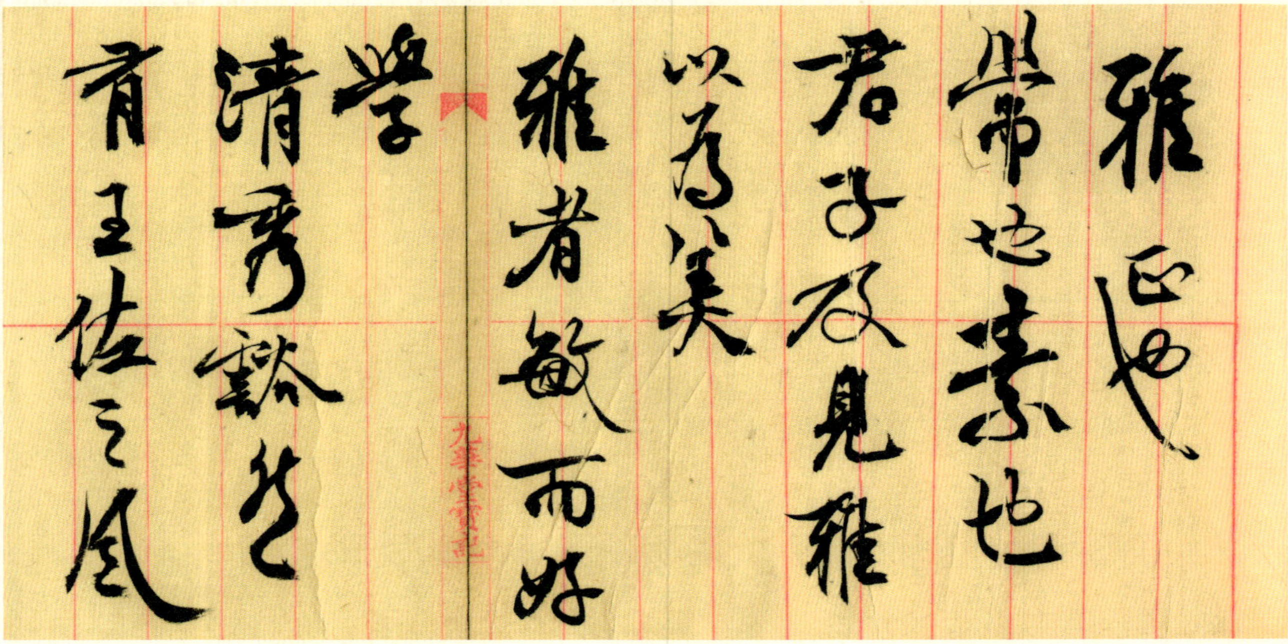

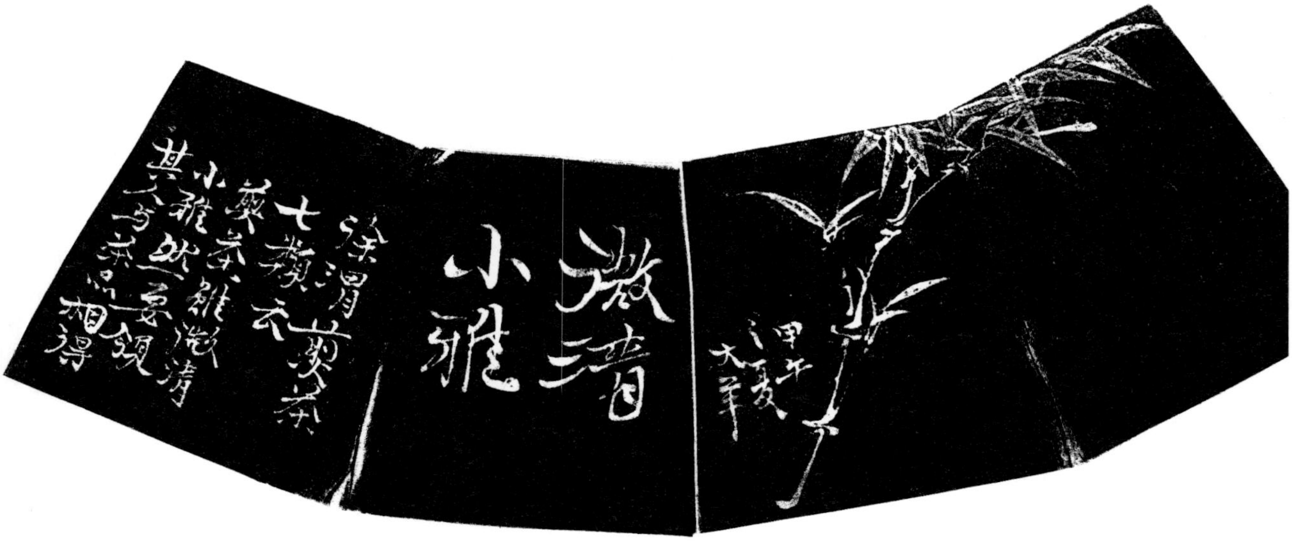
小雅

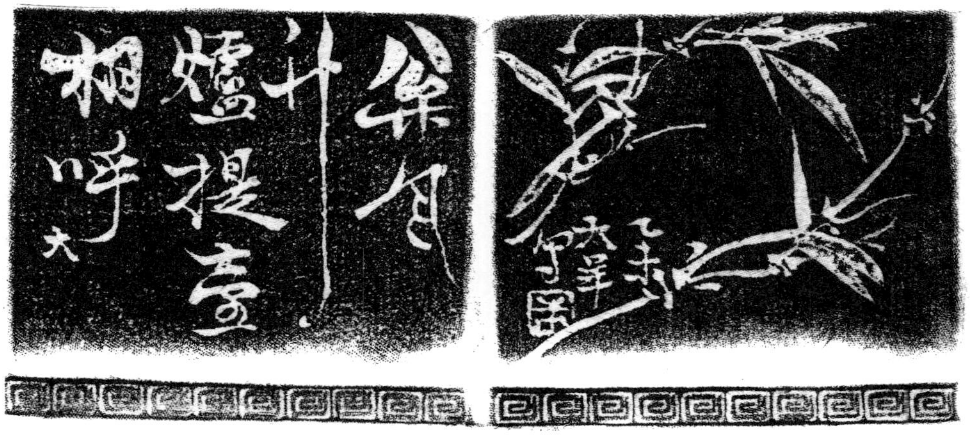

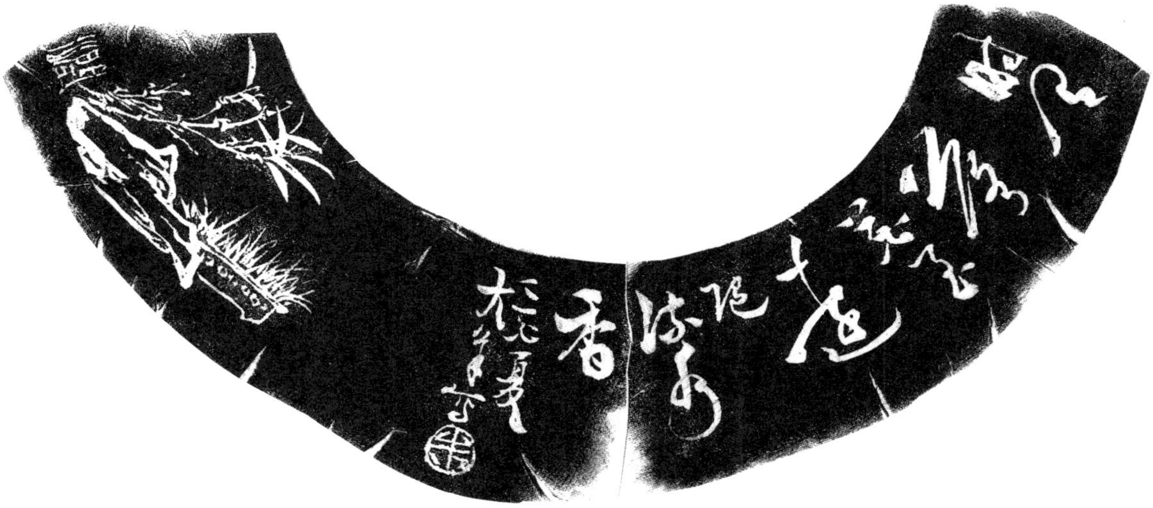

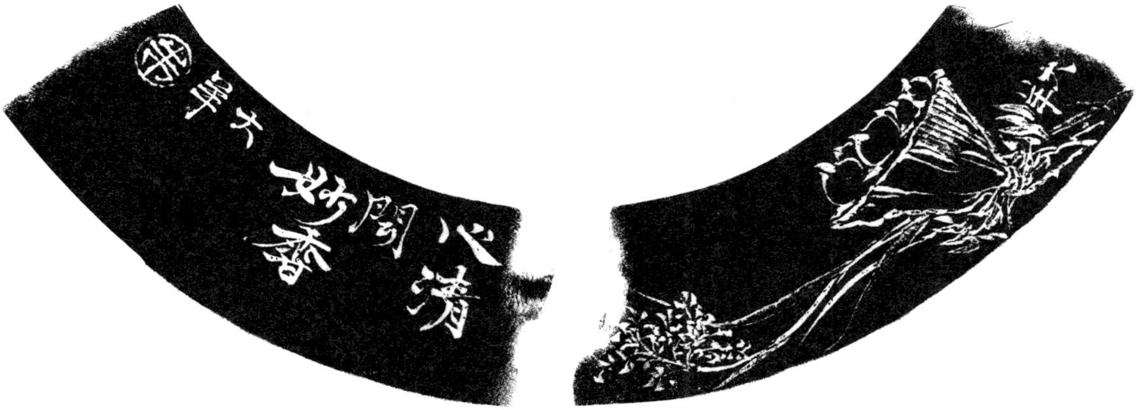

苦苦等了很久
没有了淤泥和污水
还歌颂什么呢
许多事物
从不习惯开始
一点点习以为然
就如我
当初不怎么习惯洁身自好

假装张牙舞爪
把绿意布满天空
世界已够繁杂
谁又来添乱
忽然想起——
竹欲静而风不止

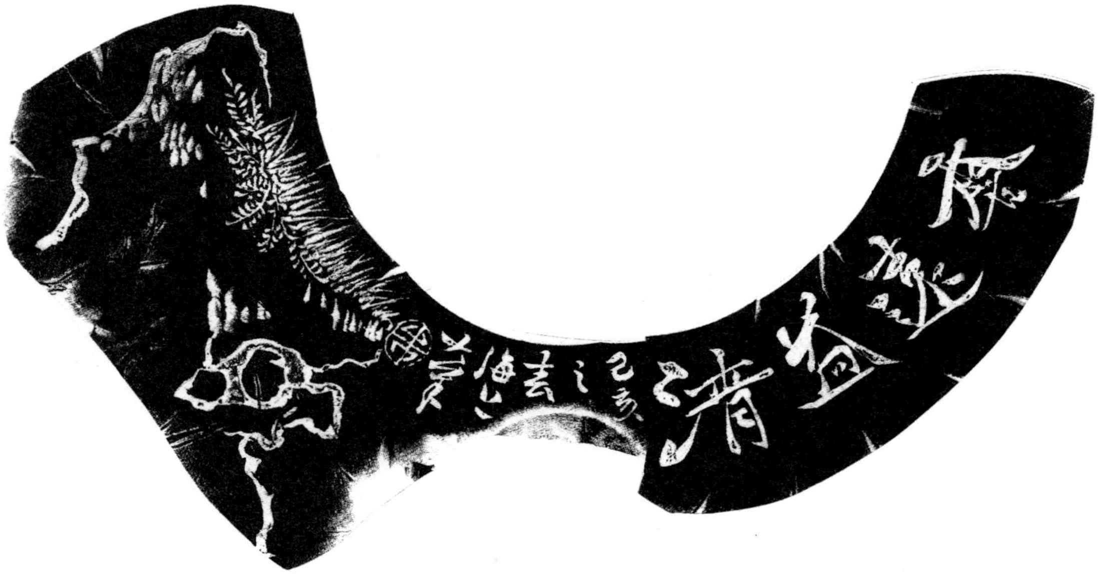

这点空间足矣
今人与古人
其实没啥两样
只要一片瓦檐
能够遮风挡雨
这要求不算高吧
有人羡慕不已
有人不屑一顾

一丛草叶
一堆假山
难以迷住这群少女
她们游历名山大川
她们坐看风卷云舒
老练处理着自己的人生

已经很圆满了
应有尽有
一个夏天或更多夏天
我认识许多果树
都没有那么幸福
也没有
人们爱听的风流韵事

枝有枝的造形
叶有叶的妖娆
果有果的含蓄
一棵树自有树的尊严
也许已司空见惯
觉得自己在大街上梦游
在熙熙攘攘的面具中奔跑

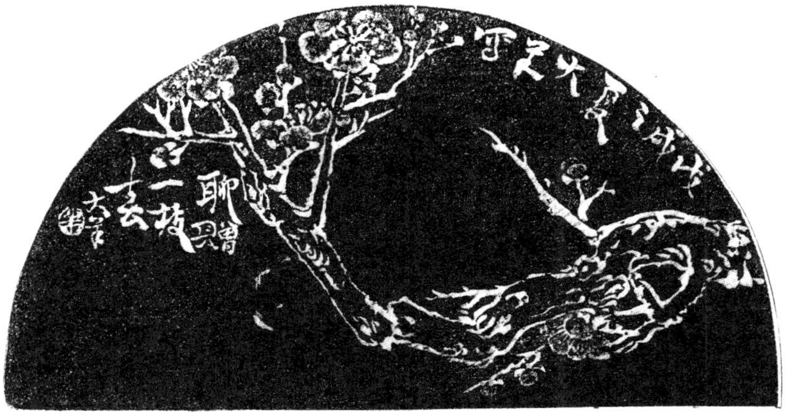

天地精华
融汇一壶
尽管韶华已逝
时光一点点煎熬
一点点榨取最后的绿意
裸露，才是它
真实的面容

仿佛闻传风的絮语
仿佛见到风的形状
试试看
假如捏住风的头颈
它会立马求饶
或者抱头鼠窜

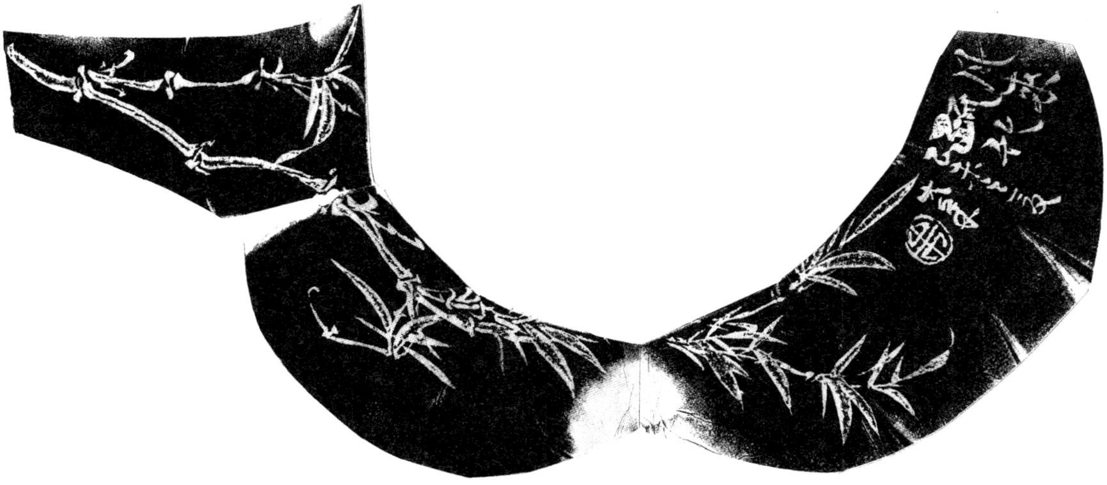

无法测试
生命的活力
那就天马行空
那就舞之蹈之
那就肆无忌惮
眼帘所见
一片无邪的童贞

说一帘幽梦
逸出此间
从壶中到乾坤
世间足够大
无边无涯
无尽无终

故乡的泥土
被翻来覆去
没了自己的形态
被烟熏火燎
没了自己的色泽
泥土想法简单
就不叫故土了吧
故乡怕已回不去了

仰面冰冷的叶梢
冰冷的夜色
冰冷的时光
只有壶里的水
还透着温润

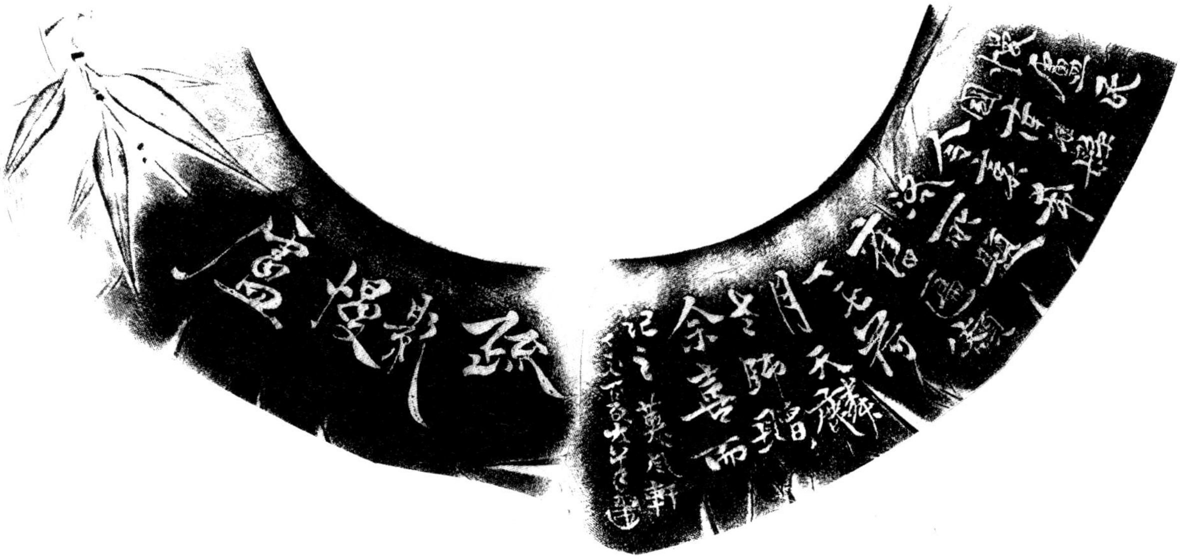

一叶知秋
秋在哪里
那年疏影飘逸
那只蝉被暗香灌醉
整个夏天一言不发
其实，蝉翼很薄
薄过竹叶
弥漫着透明的时光
一切静好

这一刻
我想到了什么
想到了佛
想到了禅意
盼望天外来云
载着众人去环球旅行
我呢，学老僧模样
盘腿而坐

这才叫玉树临风
看不见章法
看不见头绪
我只想找一盏灯
照亮风的路径
让惊飞的鸟儿
重新找到它们的归途

文心雅韵

度 致 意 味 乃为韵也

万物犹言一韵 益则加倍 损则减半

韵者 悠悠徐歇 而自得也

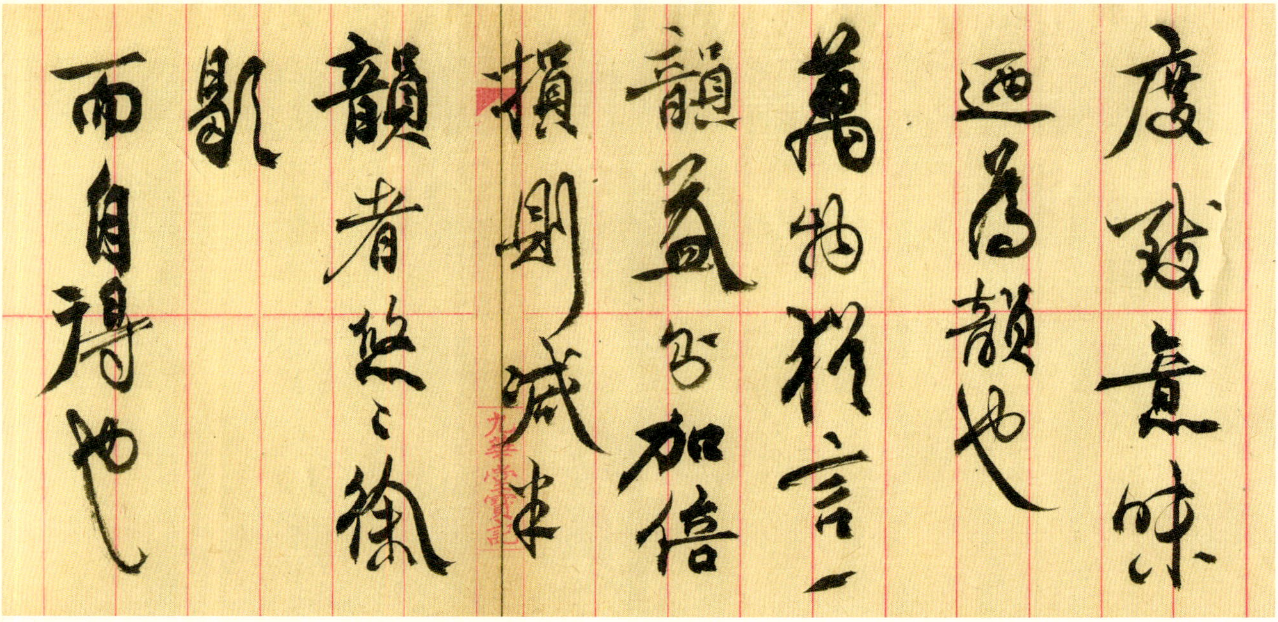

度致意味
迺為韻也
萬物精言一
韻益以加倍
損則減半
韻者整ゝ徐
亂
而自得也

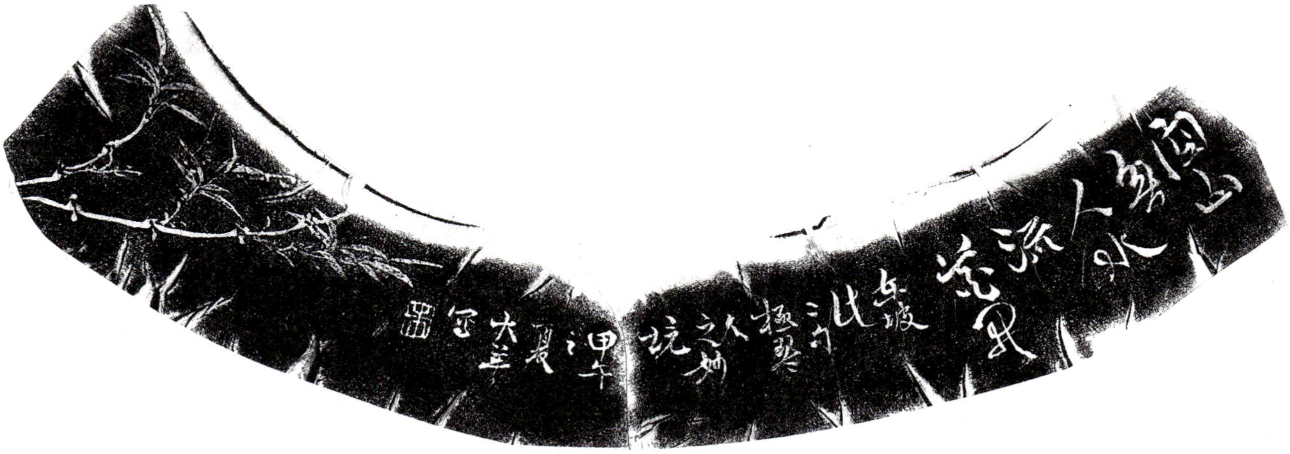

竹叶
不再青了
喝不醉的李白
书写上阳帖解闷
一生的清白和无奈
都写在疏密的叶间

墨池深浅
唯笔知晓
殷墟 甲骨 汉隶 魏碑
一路走来
已经很累很累
谁都不容易
都挺好

茶馆很陈旧了
昔年的老友已经星散
走漏风声的消息
隔了许多年月
才传到下辈耳里
那把壶，静静地
张着干涸的嘴
等谁来慢慢啜饮

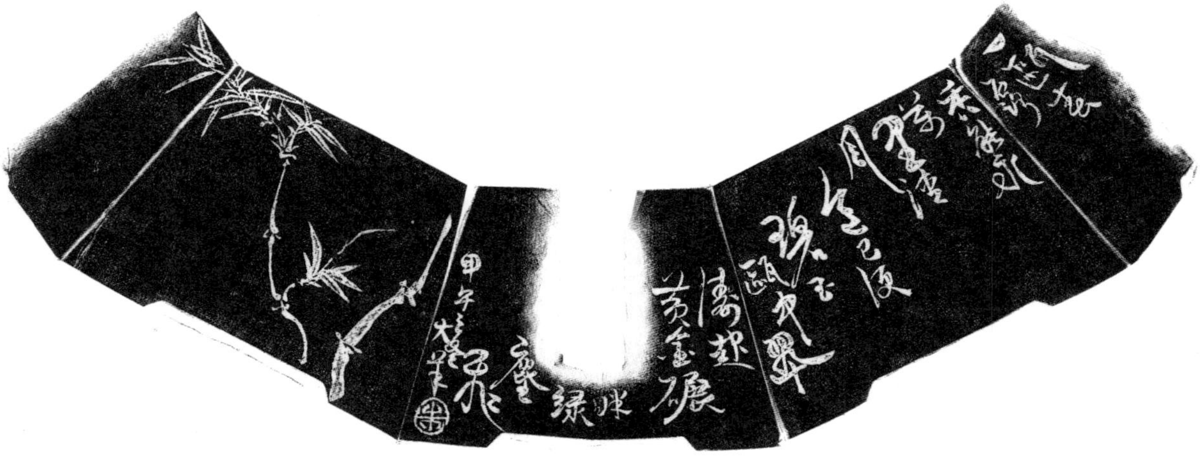

早晨的静谧
从竹节开始
坐在不远处
我谛听
来自泥土的叮咛
好雨知时节
我不安的期待
从这里滋生

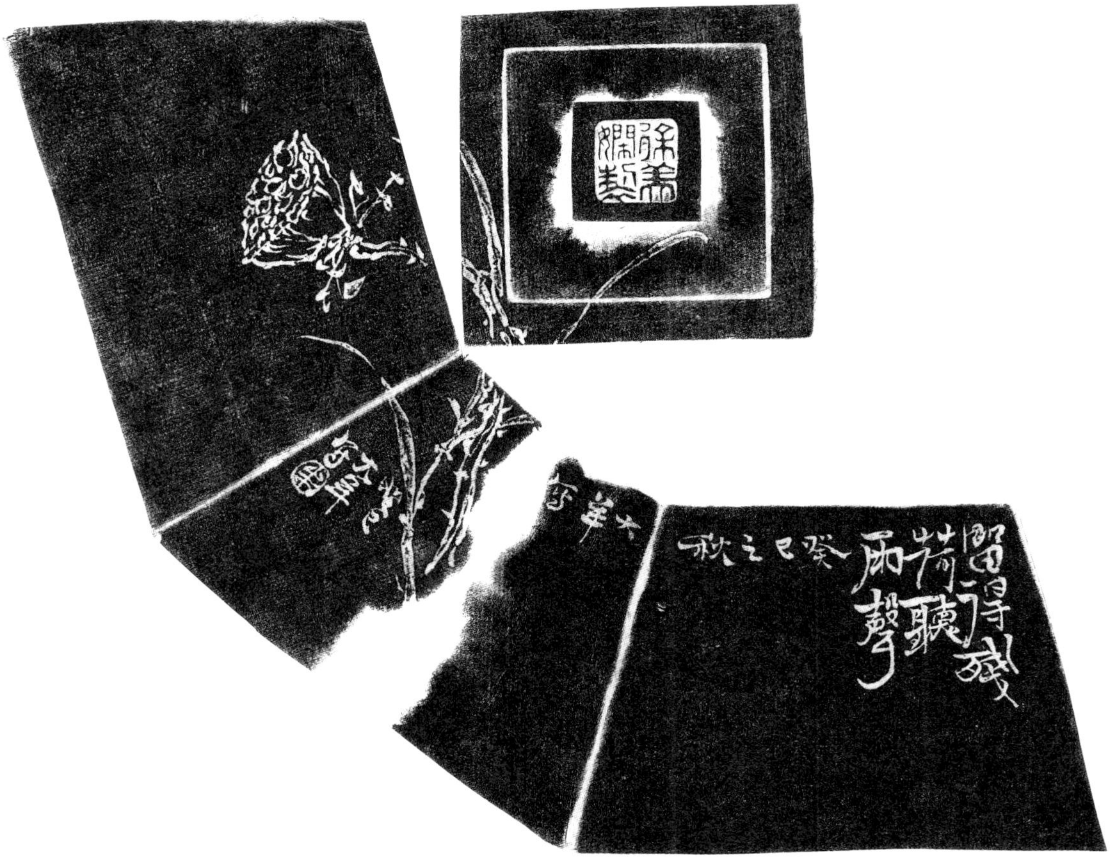
留得殘荷聽雨聲
癸巳之秋

树芽洗过了
茅屋洗过了
山水洗过了
空气洗过了
还有要洗的吗
每一颗心都那么澄净

鸟倦了，归林
船倦了，进港
人倦了，嗜睡
闲话不倦
还刚刚入壶哪

岁月静好
茅屋依旧
明清年代的不动产
在远处丌立 时下
它真的不是用来住的
只为凭吊史迹
发一番幽古之思

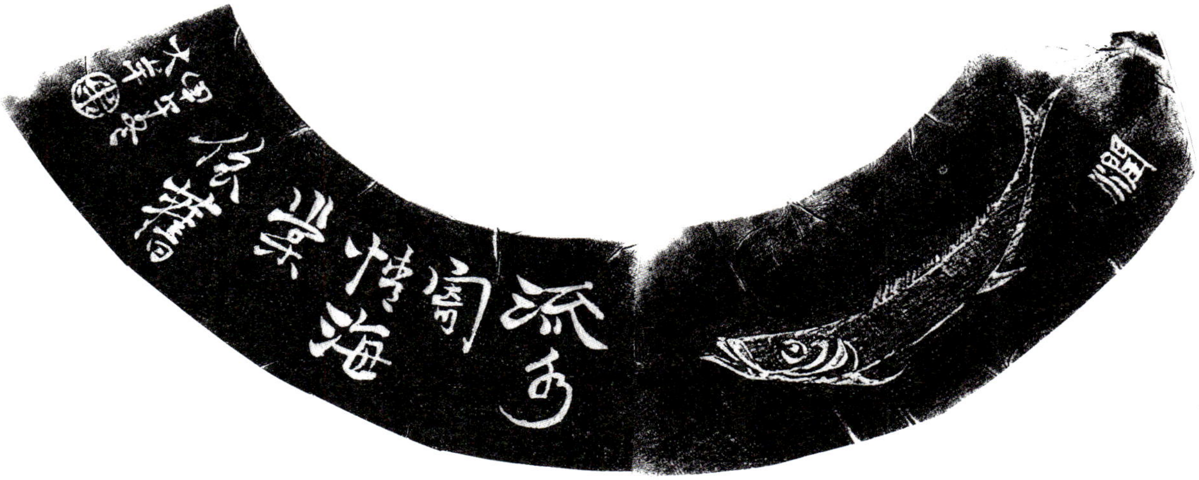

水哪里去了
疑是被鱼吞噬了
那是陈年的水
那是上苍的恩施
否则
鱼哪来如此勇气

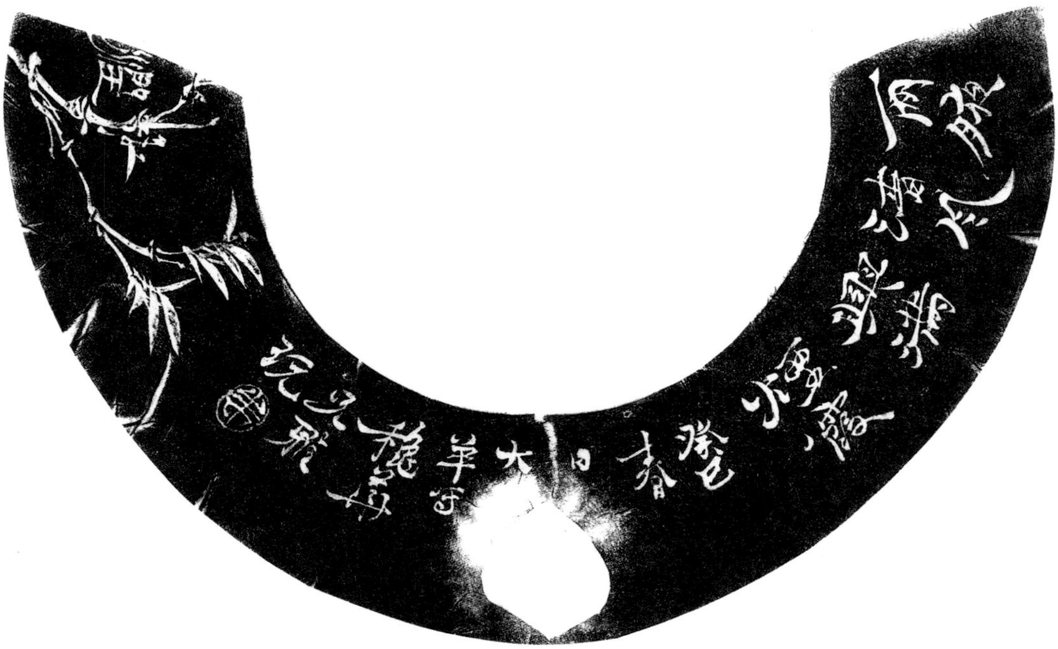

修竹害羞
欲躲春风
谁还敢入座呢
各有各的伎俩
各有各的盘算
我总觉得
暧昧是必须的
你看你看 风吹竹动

山的面目
已然模糊
回不去了
向往很久的伊甸园
顺着河水东下
寻找曾经的童贞
寻找梦中的新大陆

窗哪里去了
窗可以观竹
可以隔绝嘈杂
可以阻挡风沙
如今窗没了
还有梦吗
梦是需要装饰的

山真面目只缘身在此山中
东坡诗
戊戌夏大年

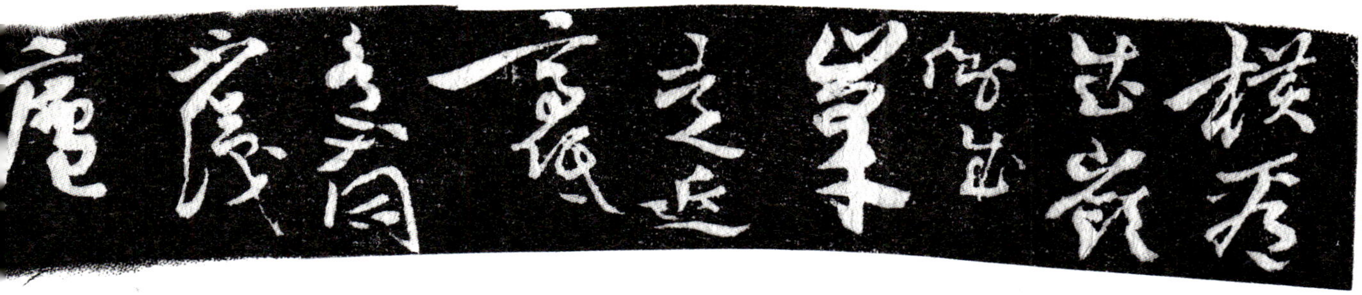

一样的风景
不一样的心情
我离山峦很远
我只囿于这座城市
楼群丛中
白玉兰悄然绽放

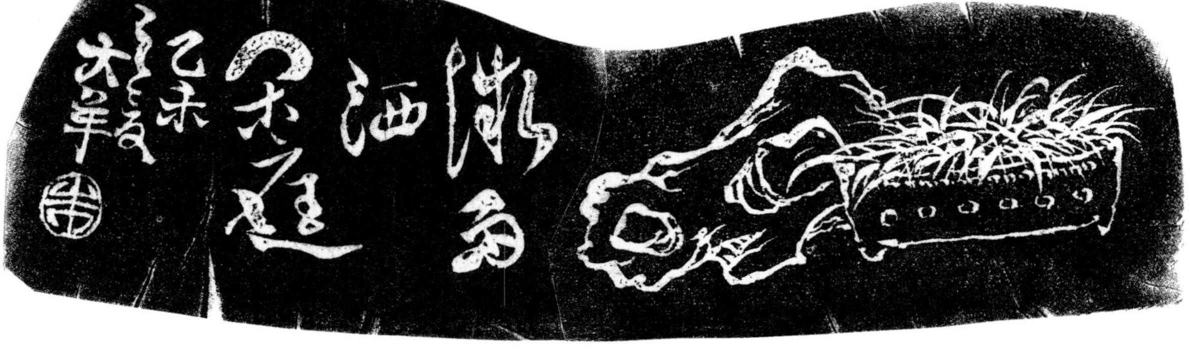

把花草圈起来
把牛羊的鼻子拴住
把老虎狮子关进笼子
看到这盆这景
我油然想到童年
梦幻中的一连串傻事

昨夜星辰
简单四字
是我老师的最爱
为此，我们绞尽脑汁
想不出可以替代的词语
天已敞亮
我们还在梦游般寻找
一颗颗失落的星星

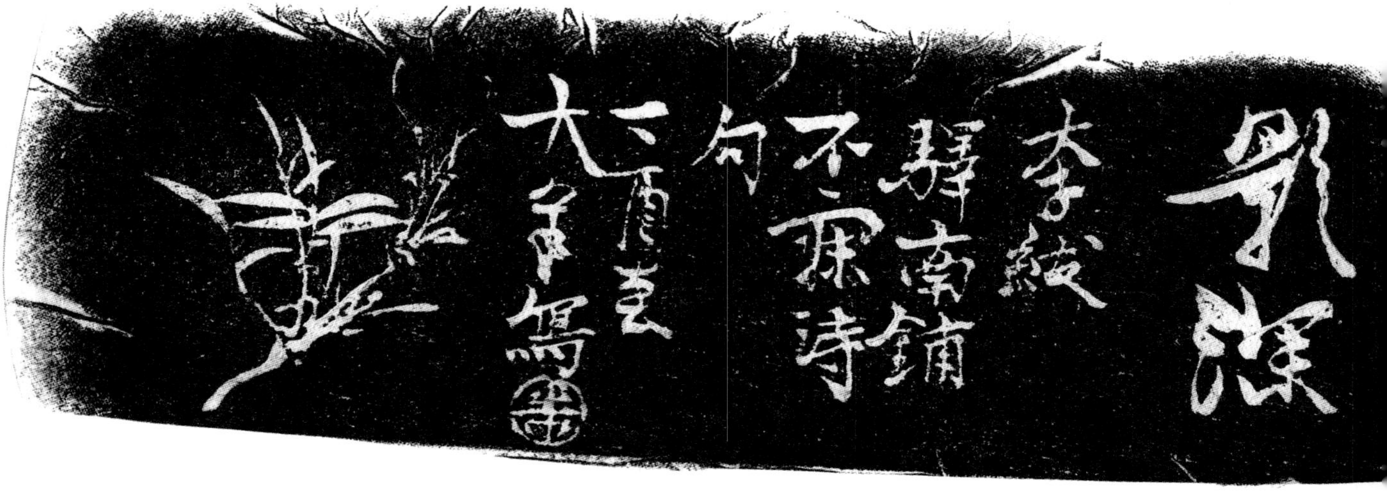

只需这么一簇
我就心满意足神闲气定
纵然千军万马
纵然叱咤风云
我只需这么一簇
并悄悄告诉别人
这叫生活

贰

風形拓

玄衆妙之門
谷神不死是謂
玄牝玄牝之門
是謂天地根縣
縣若存用之不
勤
道德經第一章第六章
戊戌之夏

道可道非常道
名可名非常名
無名天地之始
有名萬物之母

七類云
其人与茶品相得

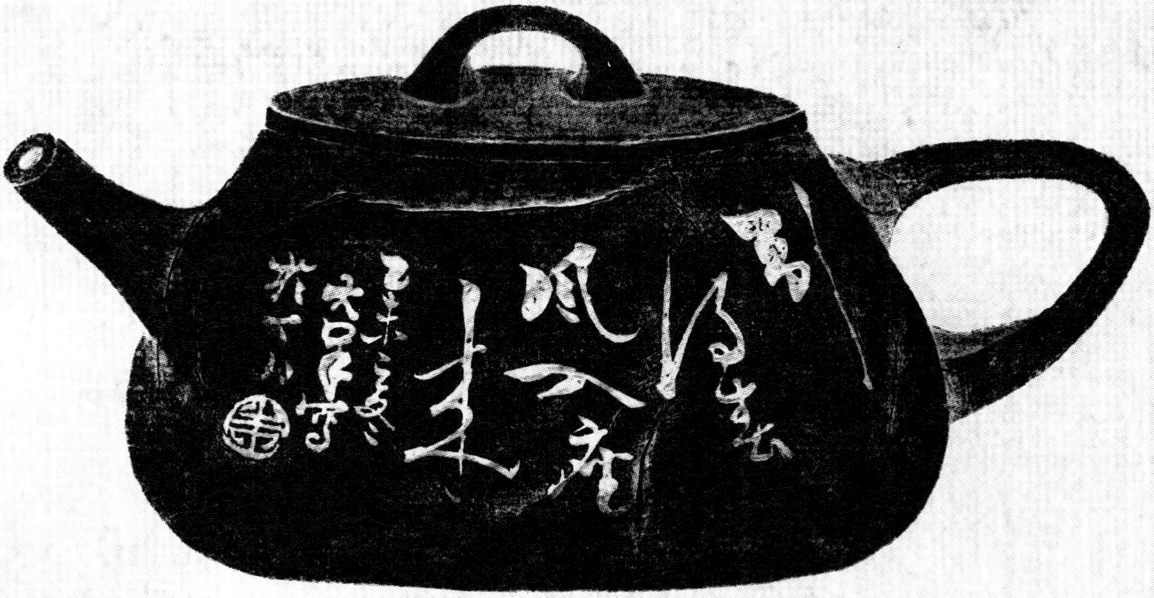

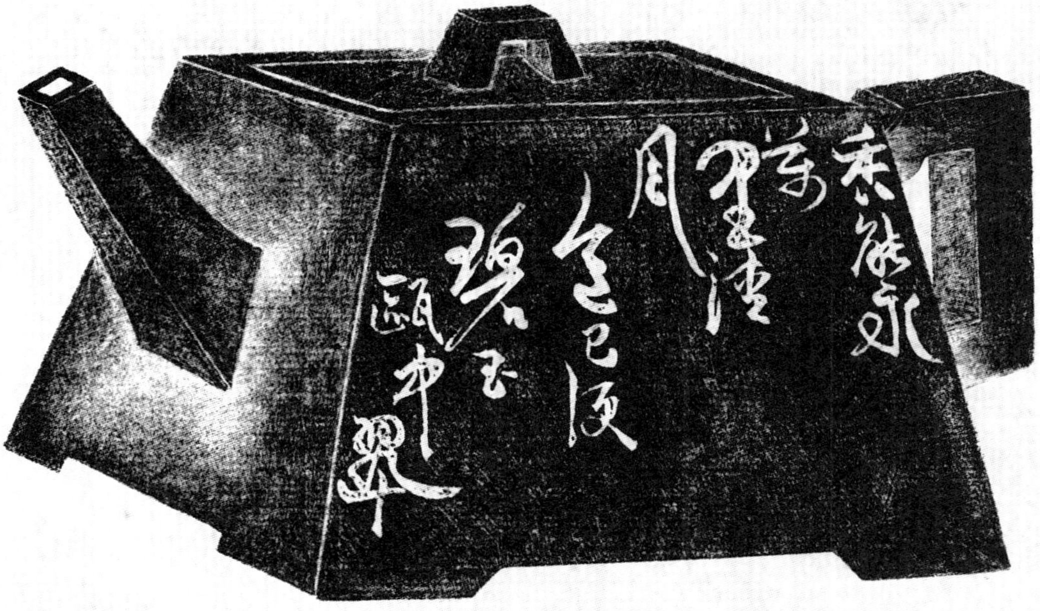

叁

紫砂壶

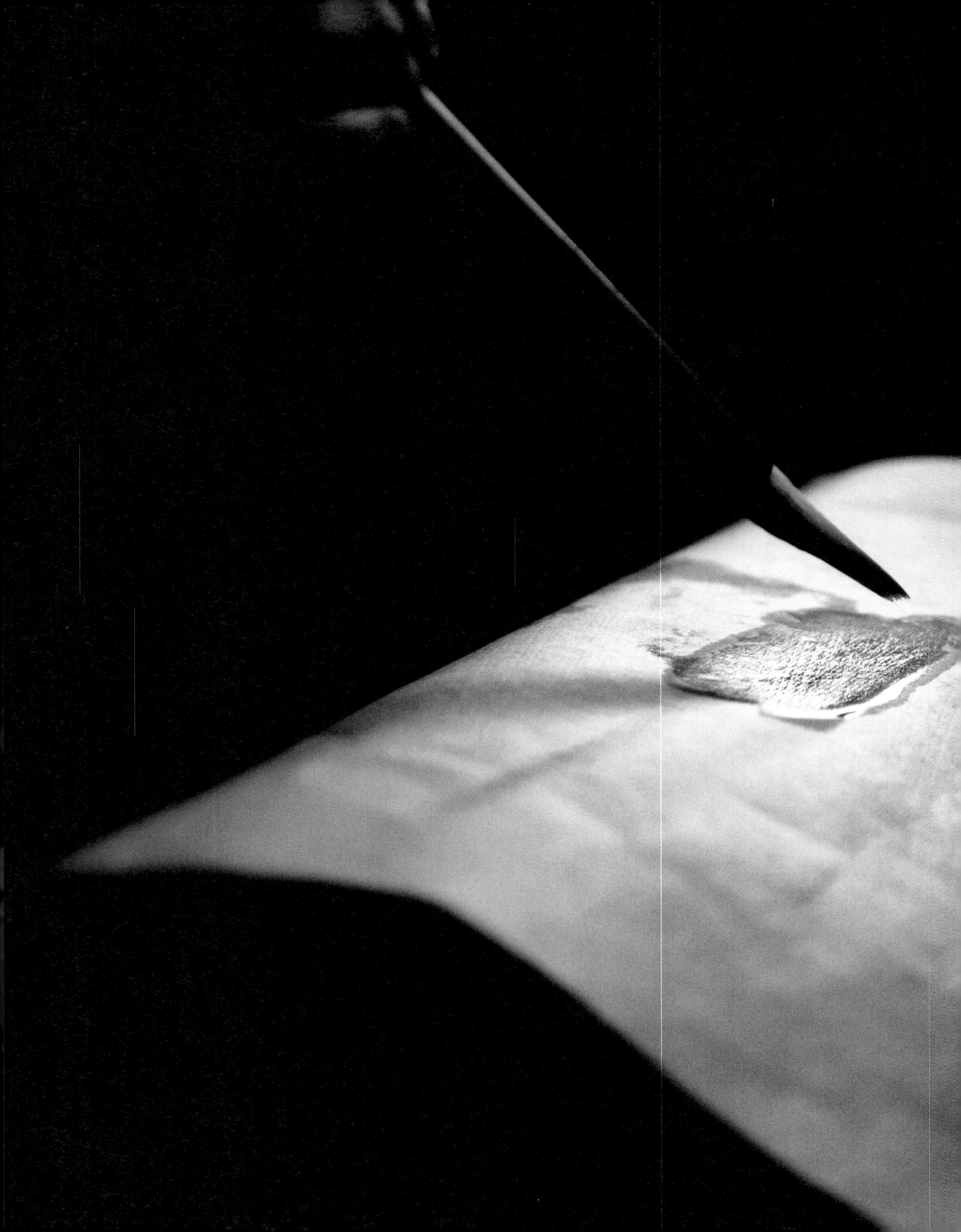

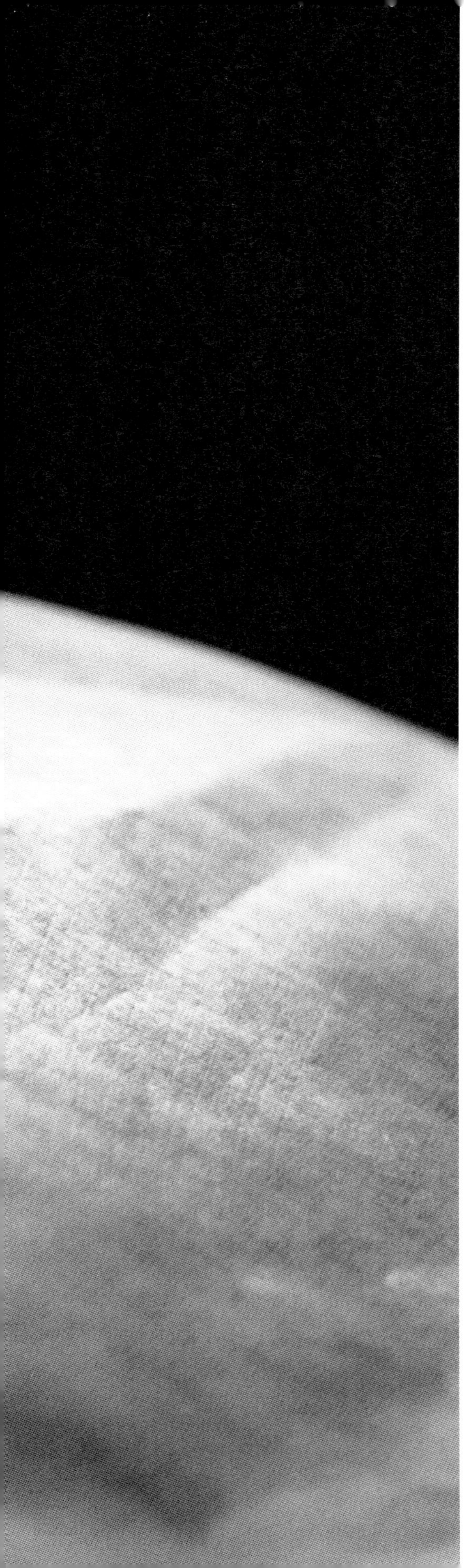

潤

连史纸覆盖壶身
以水润纸
摆正位置 吸去多余水分
覆薄膜
用棕刷刷至纸紧贴于壶身

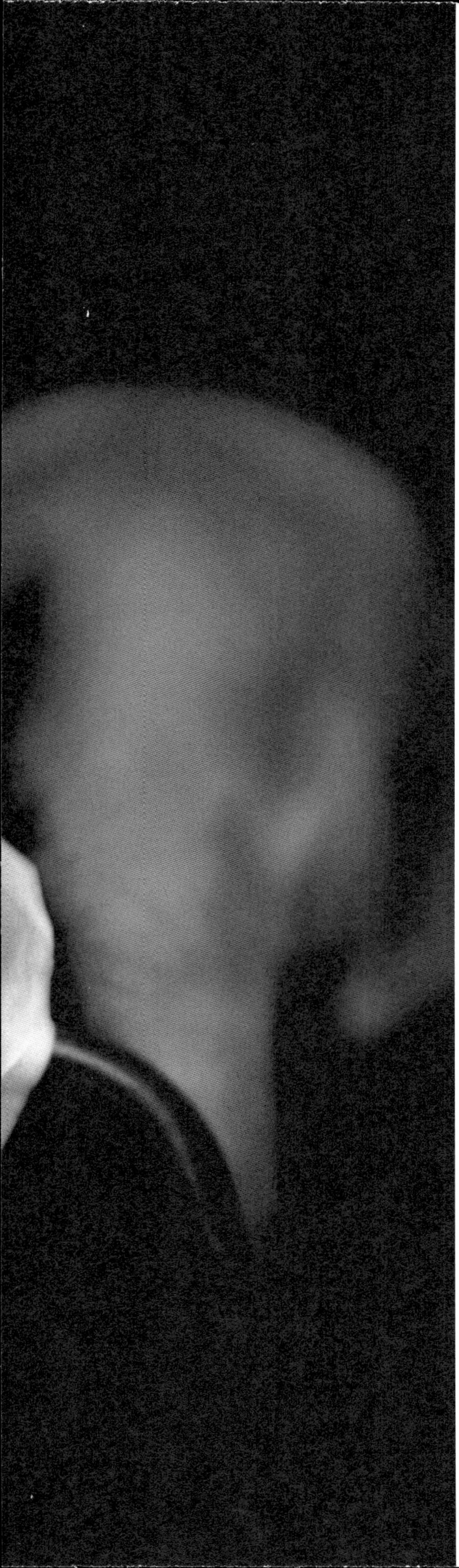

拓

油烟墨　拓包

待纸将干未干时　用拓包沾少许墨拍匀

从空白处开始轻轻拍打

直至全部拍到　色泽一致

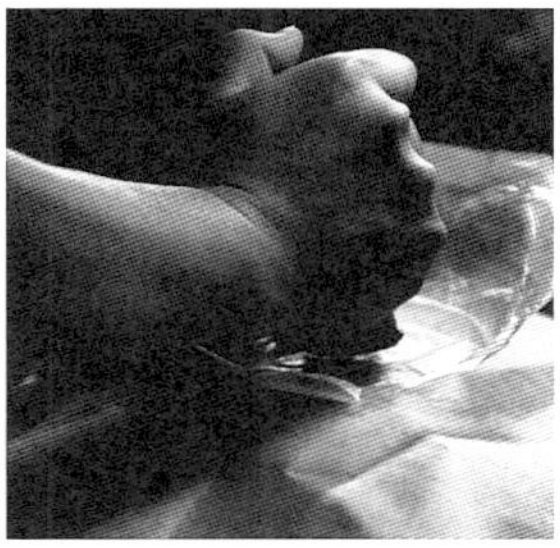

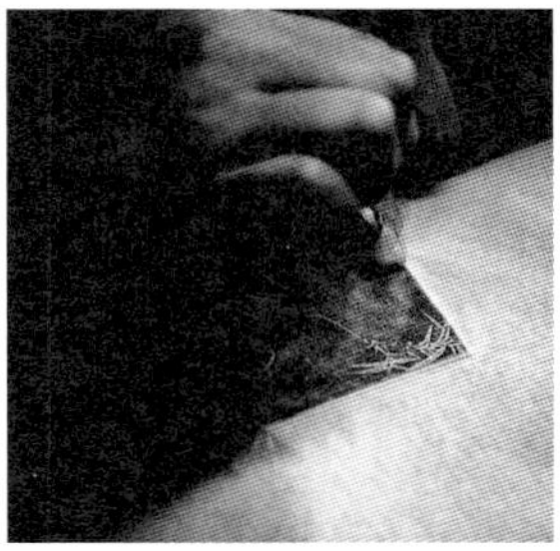

待纸干透绷挺
从一角轻轻揭起
直至全部揭离
品拓片
一品拓品技艺
二品拓品画意

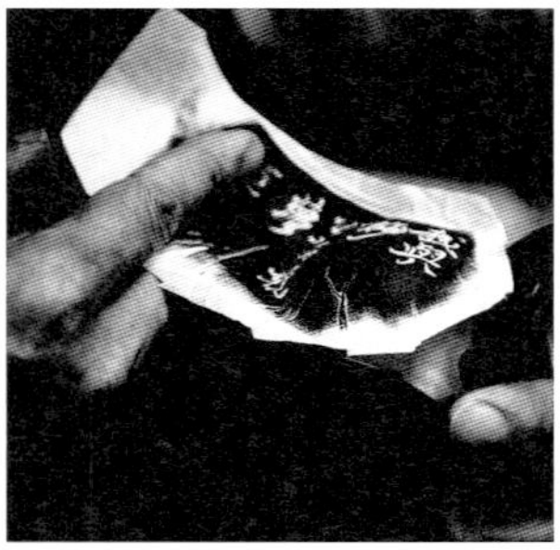

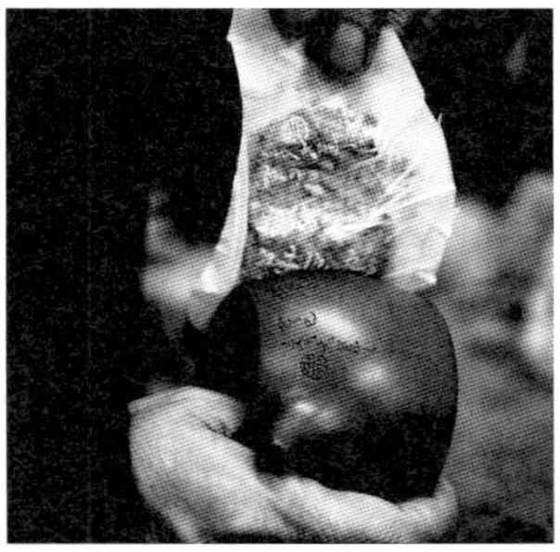

小雅

文墨潤心

道可道
非
常道

家人和师友们。我所经历的一切，是我的人生契机种种，它使我意外地在书法绘画之余能如愿从事自己钟爱的紫砂壶上的书画创作，将自己钟情于壶上书画的心灵和人世间无数爱壶人士的心灵沟通。也正是无数爱壶人一次又一次的快乐沟通与心灵共鸣，激发出我源源不断的创作激情，促使我投入更多的时间与精力来创作。正因为有更多知音的鼓励支持，我现在能将一些微不足道的成果献给爱壶的朋友们。

在整理和校稿过程中我对集子里许多作品感到不满意，这是因为个人的学养、认知、经历局限所致，很是遗憾。但是，无论如何，这些作品都是我凝固的一个个创作瞬间，如此真实，如此美好，至今难忘，我敝帚自珍。

感谢蕙风轩主及路平道友为此书付梓所做的辛勤付出，感谢紫砂工艺师徐美娴老师的大力配合，感谢吴斌、侯海良先生一路帮助。感谢朋友们对我的支持和肯定。

二〇一九年九月于海上其润居

大羊

后记

《文心雅韵——大羊画壶拓片集》是我对我近二十年从事紫砂壶书画创作的基本总结，其间包含有刚开始在壶上创作时的冲动和激情、痛苦和失误，也呈现了我在创作中不断学习、不断反思和借鉴的历程，从中可见各种尝试、创新和独特的处理方法。更重要的是，它实际上包含了我对生活和创作的挚爱与深情，它让我的生活充满快乐与幸福。

这本紫砂壶拓片集所展示的八十多张壶拓是从历年积累的七百余拓片中精选出来的。这些拓片由静庵兄从壶上传拓下来，我自己用心设计、装裱成画，基本能反映我在紫砂壶上书画创作的思考与探索。集子中的五十五把紫砂壶陪伴我度过了一年又一年美好快乐的时光，岁月的沉淀和茶汤成就的壶身上的包浆，让这些壶有了呼吸，有了温度和生命，脉脉含情。书中的散文诗句是好友和诗人韦泱老师针对这些壶拓专门创作的，这些优美的诗句提升了壶拓作品的内涵，让读者多了一个赏析的视角。贤弟彭麒麟的紫砂壶摄影作品亦给这本集子增添了诸多亮色。著名文化学者郑重先生为此书作序，他对我艺术创作的赞扬与肯定让我备受鼓舞，感恩于心。

我感谢我生活的这个充满变化的绚丽时代，感谢与我一起度过每一段美好时光的

图书在版编目（CIP）数据

文心雅韵：大羊画壶拓片集 / 大羊著 -- 上海：
文汇出版社 2020.1

ISBN 978-7-5496-3049-3

Ⅰ.①文… Ⅱ.①大… Ⅲ.①紫砂陶—陶瓷茶具
—拓片—中国—图集 Ⅳ.①K876.32

中国版本图书馆CIP数据核字 (2019) 第271243号

文心雅韵

——大羊画壶拓片集

作　　者 / 大　羊
责任编辑 / 鲍广丽
拓片题诗 / 韦　泱
装帧设计 / 图龙广告

出 版 人 / 周伯军

出版发行 / 文匯出版社
上海市威海路755号
（邮政编码200041）
经　　销 / 全国新华书店
印刷装订 / 上海雅昌艺术印刷有限公司
版　　次 / 2020年1月第一版
印　　次 / 2020年1月第一次印刷
开　　本 / 889 x 1194　1/16
字　　数 / 9.1千字
印　　张 / 13.5

ISBN 978-7-5496-3049-3
定　　价 / 258.00元